# Art & Flair
# Verlag

# 2011

**Anja Lucas-Roth,** Jahrgang 1972, verbrachte ihre Kindheit in Wien und in Essen an der Ruhr. Nach dem Abitur studierte sie zunächst einige Semester Jura und arbeitete fortan als Freelancer in der Kommunikationsbranche, bevor sie ihren Abschluss in  Public Relations machte. Heute arbeitet sie vorwiegend als freie Autorin, Verlegerin und im Praxismanagement der Zahnarztpraxis ihres Mannes, Dr. Uwe Lucas.

Sie ist Mutter eines 15-jährigen Sohnes. Gemeinsam leben sie heute in Schüttorf.

"Poesie ist wie ein Entspannungsbad.
Loslassen und sich treiben lassen, um von den
Wellen der Worte getragen zu werden."

Anja Lucas-Roth

Deutsche Erstveröffentlichung


Printed in Germany 2011

Copyright © für Text, Bild, Design und Artwork:
Anja Lucas-Roth


Gesamtkoordination der deutschen Ausgabe:
Art & Flair Verlag, Schüttorf

Herstellung & Verlag:
Books on Demand GmbH,
Norderstedt
ISBN 978-3-8448-0487-4

# Zauberspuren

## Auf den Pfaden der Inspiration

Dieses Buch ist meiner
lieben Mutter
gewidmet, die mir die
Liebe zur Literatur
und den Zauber des Schreibens
vermittelt hat und mit der ich stets,
zu jeder Tages- und Nachtzeit,
grenzenlos philosophieren kann.

# Inhaltsverzeichnis

# Vorwort

Die Phantasie ist unser Quell, aus dem wir schöpfen, wenn wir kreativ sind. In einer Welt, in der die Computertechnologie die Basis unserer Kommunikation ist, kommt mir dieser Quell wie ein geheimes Reservoir vor, in das ich eintauchen und daraus schöpfen kann, wann immer ich will, ohne einen Startknopf drücken oder online sein zu müssen. Jeglicher technischer Fortschritt ist sicherlich ein Meilenstein, der seine Unentbehrlichkeit immer mehr unter Beweis stellt. Doch in Zeiten, in denen persönliche Briefe durch E-Mails abgelöst, jegliche Fragen durch Recherchen in Suchmaschinen beantwortet werden, Kommunikationsforen über alle Details unseres Lebens berichten oder Bilder und Filme sekundenschnell erstellt und verbreitet werden können, ist es beruhigend zu wissen, dass unsere ureigene Phantasie unter dem sicheren Siegel unserer individuellen Persönlichkeit verschlossen liegt und nur durch uns selber über die Wege unserer eigenen Inspiration begehbar wird. Wie wertvoll Mußestunden sind, in denen wir dem Strom der Zeit entfliehen und in uns gehen können, zeigt der aufstrebende Wellness-Markt und die reichhaltigen Angebote unter dem Stichwort "Seelen-Balance". Ein Weg zu sich selbst liegt in der bewussten inneren Einkehr und darin, den Schatz eigener Inspiration zu heben. Ich habe dies mit diesem Buch getan und freue mich, meinen Reichtum mit Ihnen teilen zu dürfen.

Anja Lucas-Roth

# Spurensuche

Es war Samstag. Ende Dezember. Die Luft klirrte vor Kälte. Lukas zog sich seinen Pulli bis unter die Nase und schnaubte seine warme Atemluft durch sie hindurch. Die hierbei auftretende Feuchtigkeit fing sich an seinem Pullirand und erinnerte ihn daran, dass er in jeder Sekunde Energie umwandelte. Wie ein Kraftwerk, das in eisiger Kälte vor sich hin dampft und mit großen Nebelwolken darauf aufmerksam macht, dass es arbeitet. Ja, er war doch eigentlich so etwas wie ein Kraftwerk, dachte Lukas, nur, dass er die Energie für sich selber nutzte. Er stampfte durch den Schnee und sah seinem Hund Barny hinterher. Auch er produzierte diese Nebelwolken beim Ausatmen. Also, musste auch Barny wie ein Kraftwerk funktionieren. Lukas grübelte darüber nach, dass all die Energie, die er und Barny ausatmeten, wieder in die Luft einfloss, die er und Barny einatmeten. Also, um dies genauer untersuchen zu können, blieb Lukas an einer großen Tanne stehen, an der Barny gerade interessiert schnüffelte. Hektisch vibrierten Barnys Nasenflügel, während er eilig einen verschneiten Blatthaufen frei schnüffelte und dabei extrem kleine, dicht aufeinander folgende Wölkchen produzierte.

Lukas bückte sich und beobachtete, wie sich die Wölkchen in der Kälte auflösten. Er machte einen tiefen Atemzug und nahm diesen so bewusst auf, dass er das Volumen seiner gefüllten Lungen wahrlich spüren konnte. Nun pustete er langsam aus und spürte die wohlige Wärme, die sich im Kragen seines hochgezogenen Pullis fing. Gleichsam wurde ihm bewusst, dass er soeben Barnys Energie in sich aufnahm und verarbeitete. Lukas erhob sich und sah in die Tannenspitzen, die schneebedeckt und schwer über dem schmalen Waldpfad hingen. "Auch sie atmen", kam es Lukas in den Sinn, und er spürte plötzlich eine wohlige Wärme in sich, die sich über seinen Rücken bis in seine Fingerspitzen ausbreitete. Er streckte sich und fühlte eine Art der Entspannung, die er so noch nie gefühlt hatte. Als schien er aufzutauen, als würde sich seine Seele für jede Energie öffnen.

Lukas überlegte, wie viele Menschen vor ihm bereits diese Gedanken hegten, dass sie sich ihres ständigen Energieaustauschs so bewusst wurden, wie er gerade. Vor allem aber, wie viele Lebewesen schon vor ihm in diesem Wald ein solch wärmendes Erlebnis hatten wie er in diesem Moment. Lukas versuchte sich vorzustellen, wer alles um ihn herum an diesem energiereichen Prozess namens Leben beteiligt ist, die Vögel, die Füchse, die Wildschweine, die Rehe, die Hirsche, die Hasen aber auch jeder einzelne Strauch, ja jedes einzelne Blatt brauchte doch Atemluft.

Lukas schritt gerade vorsichtig über einen fast zugefrorenen Bachlauf, als er an einem gegenüber liegenden Ast etwas an einem Band baumeln sah. Das sein Interesse geweckte Etwas entpuppte sich als Zettel, auf dem mehrere Wörter standen. Er entzifferte die Buchstaben und las: *" **Guten Tag! Gutes Glück! Dein Geschick schenkt dir das Glück zurück!**"* Lukas stutzte… Er las die Worte noch einmal und empfand es als höchst seltsam, dass er auf einen solchen Zettel stieß, der im Wald hängend, doch sicherlich gar nicht für ihn bestimmt war, oder vielleicht doch? Er sah nach oben und blickte in die einsetzende Dämmerung, die ihm eindrücklich vor Augen führte, dass es nie schneller im Jahr dunkelte, als im Dezember.

Wo war überhaupt Barny??? Lukas blickte sich um und pfiff. Es begann zu schneien. Lautlos fielen kleine Schneeflocken in die stille Winterlandschaft und auf Lukas Nase. Dort schmolzen sie und erinnerten ihn abermals daran, dass sich hier eine Energieumwandlung vollzog, direkt vor seinen Augen. Plötzlich hörte Lukas ein Knacken im Geäst und fuhr in sich zusammen. Sein angehaltener Atem verdeutlichte ihm, wie sensibel er inzwischen jedes Zeichen des Waldes auswertete. Es raschelte und knackte abermals und aus einem dichten Gebüsch schoss Barny plötzlich hervor, mit einer weißen Schneelast bedeckt, welche er bei seinem Streifzug durch die Blätterwelt auf sich lud. "Barny, du alter Bandit!", stieß Lukas erleichert aus und wischte seinem Hund mit einer flinken Handbewegung den gesamten Schnee vom Fell. Barny schüttelte sich und eilte im fliegenden Galopp voraus. Lukas folgte ihm weniger schnell, doch um so andächtiger lauschend auf alles, was ihm der Wald mitteilte. Es roch nach Feuer. Irgendwo in der Nähe wurde ein Kamin angezündet. Lukas liebte diesen Geruch, der ihm Behaglichkeit und Wärme aber auch Schutz und Geborgenheit signalisierte. Er atmete tief und nahm den besonderen Duft bewusst in seiner Nase auf. Er blickte auf seine Uhr und stellte fest, dass es schon 17:00 Uhr war, als er das Glockengeläut des schiefen Kirchturms hörte, den er von hier aus durch die verschneiten Zweige sehen konnte. Seine Schritte waren zügig und doch spürte er eine Kraft in sich, die ihn aus diesem Wald heute nicht einfach so hinauslaufen lassen wollte. Als würde ihm eine Stimme etwas sagen wollen. Er sah sich um und als sein Blick zurück schweifte, entdeckte er plötzlich ein Buch in einem Blätterhaufen. Sein Umschlag war rot, weich und dick gepolstert, fast wie eine Art Bibel, doch wesentlich kleiner. Lukas hob es auf und pustete den Schnee von ihm hinunter, bevor er es neugierig öffnete. Im Licht seines Handys begann er zu lesen:

*Horche in Dich hinein und blicke aus Dir heraus,*
*es ist die Welt, in der Du lebst, Dein Haus,*
*der Wald, in den Du gehst, Dein Buch,*
*in dem Du liest und lernst, damit Du die Welt verstehst und schätzt.*
*Der Weg, auf dem Du gehst,*
*ist Dein Pfad zu Dir selbst,*
*nicht von Dir weg.*

*Im Herzen liegt das Geschenk*
*Deines Lebens, das Glück.*
*Nimm es, teile es und schenke es zurück*
*an den, der den Weg nicht kennt*
*oder nicht findet,*
*schenke es auch dem,*
*für den kein Lichtlein brennt*
*oder der sich windet*
*vor dem richtigen Weg.*

*Denn nur, wer das Glück teilt,*
*kann es verdoppeln*
*und Freude mit Reichtum koppeln.*
*Nichts wiegt mehr als dieses Glück,*
*welch' im Herzen Stück für Stück*
*erst wächst und niemals schrumpft.*

*Nutze Dein Wissen und spare nie*
*an Freundlichkeit und Energie,*
*um all dies kund zu tun,*
*sonst wird die Botschaft ungehört ruhn,*
*in jedem Winkel dieses Waldes,*
*bis wieder jemand, aufmerksam und wach,*
*interessiert und sensibel,*
*sie sucht und findet, diese Bibel.*

*Mit jedem Schritt, den Du nun gehst,*
*zeigst Du der Welt, dass Du verstehst,*
*wie sehr das Glück die Menschen braucht,*
*damit es die erreicht, die eingetaucht*
*in ihre Welt,*
*das Glück nicht sehen oder finden*
*und ohne Glück der Welt entschwinden,*
*wenn keiner hilft, wenn keiner wagt,*
*all das zu tun, was Dir gesagt.*

Drum bleibe wach und aufmerksam,
im Herzen wie im Geiste
und setze jeden Schritt auf Deinem Weg
bewusst und überlegt in eine Richtung
Deiner Wahl,
welch' Dir Dein Herz als richtig weist.

Und denke immer auch daran:

Jeder Mensch hinterlässt auf dieser Welt
seine eigenen Fußstapfen,
ob im Schnee oder im Sand,
doch niemals unerkannt.

Ein Zweiter wird Dir folgen
und im Herzen spüren, was du gespürt.

So werden viele Wege entstehen,
die viele Menschen gehen
und ewig wird sich dabei zeigen,
wie viele Menschen sich verneigen
vor den Wundern dieser Welt,
indem man die Achtung vor ihr behält
und auch schätzt all die Energie,
die im Kosmos herrscht
und verloren geht nie.

Dein Glück

Lukas atmete tief durch und klappte das Buch wieder zu. Es war ein besonderer Tag heute, das wusste er inzwischen. Aber wie besonders, das spürte er nun in sich. Er blickte sich um und fand um sich herum lediglich die Stille des Waldes, das ferne Glockengeläut und die Fußspuren von Barny und ihm im frischen Schnee. Er dachte über die Worte in der Schrift nach und schmunzelte. Tja, er hatte tatsächlich heute seine Spuren hinterlassen, wie es dort stand.

Die **Erlebnisse** von heute, die **Botschaften**, die wohlige **Wärme**, die **Energie**, die Lukas überall spürte, all das war in seinen Fußspuren versammelt und wartete auf denjenigen, der ihnen vielleicht morgen folgen würde.

Und auch wenn sie, von Schnee bedeckt, für andere unerkannt bleiben, so sind sie doch da und teilen mit, dass er den Weg des Waldes Schritt für Schritt erlebt, gespürt und viel gelernt hat über das **Wunder des Seins** und über die **Lehre vom Glück**.

\* \* \*

# Schicksal

Ein Blümerl steht am Straßenrand,
vertrocknet und verkümmert,
voll Trauer, völlig unerkannt,
vom Lichte nie beschimmert.

Der Hals schon lang und ohne Kraft,
die Blätter fahl und ohne Saft.

Ein kleiner Sprenkel Hoffnung doch,
erhält es noch am Leben,
obwohl schon fast der Tod ankroch,
will's doch nach Liebe streben.

Ein Wille, der so standhaft ist,
dass alle Mächte weichen,
ein Leben, das so eisern ist,
dass ihm die Freuden reichen.

So kann das Blümerl zwar besteh'n,
doch auch nicht alle Tage.
Vom Leben muss es wohl bald geh'n,
nur ist das nicht die Frage.

Wo Liebe ist, dort ist auch Kraft,
und nicht nur hier auf Erden,
so hat es sich nun aufgemacht,
zu trotzen den Beschwerden.

# Weitermachen

Ein Baum, welch steht der Lichtung vor,
war einst gekrönt durch Größe,
durchschlug kein Blitz ihn je zuvor
und gab ihm solche Blöße.

Nun ist der größte Ast hinfort,
der Baum erscheint nun schmächtig,
doch lässt die Stärke seiner Sort',
ihn dennoch wirken mächtig.

Sein Stamm gibt ihm Standhaftigkeit,
so fehlt's ihm doch an Umfang,
sein Holz verleiht ihm Prächtigkeit,
die Vögel ihm den Lobsang.

Mit Würde ragt er in die Höh'
und streckt die Äste nieder,
er widersetzt sich jeder Bö'
und pfeift die schönsten Lieder,
wenn Wind durch seine Blätter weht
und er so majestätisch steht.

Sein Ausdruck ist ein Hoffnungsbild,
ein Gruß an alle Schwachen,
ein Aufruf, wie auf einem Schild,
auf dem steht "Weitermachen!"

# Meditation

Wenn ferner Welten Stern sich zeigt,
ein Geist aus Energie erwächst.
Wenn Sonne sich zu Boden neigt
als gedankenreicher Lichtertext,
erblickst du Botschaften darin,
welch' führen Dir vor Augen erst,
worin sich finden lässt der Sinn,
den Du durch Achtsamkeit erfährst.

Begleitest Du die Sonne nun
auf ihrem Weg ins tiefe Reich,
versunken die Gedanken ruh'n,
bescheren sie Dir Bilder gleich,
welch' Deine Sinne stimulier'n
und Deine Augen faszinier'n.

Nun wird Dir zugeteilt die Gunst,
zu leben auch die große Kunst,
die sich in Formen der Natur,
in die Gedanken schleicht sich Dir.

Fortan wirst Du in allem seh'n,
was blüht, was welkt, was wird ersteh'n,
Geschenke voller Wunder auch,
ob Blatt, ob Erde oder Strauch -
in allem doch ein Leben weilt,
in Pflanze, Tier und Mensch geteilt.

# Der Wille des Werdens

In aller Fruchtbarkeit steckt Leben,
und Werden ist das große Ziel.
So wird der Kern nach Lichte streben,
erhaschen möcht' er möglichst viel.
Doch Wasser, Luft und Sonnenschein,
können nur die Basis sein,
sie wirken so wie Brot und Wein,
reichen jedoch nicht allein.
Der Wille muss schon früh bestehen,
muss Einigkeit der Frucht verleihen -
bestimmt muss sie ins Leben gehen,
wirkt unverdorben, klar und rein.

Folgt der Verstand jedoch dem Herz,
erleidet auch die Frucht den Schmerz,
zu lieben, leiden, zu verlieren,
aber auch zu motivieren.
Wenn sie dem Schicksal wird entrinnen,
neue Kraft wird sie gewinnen,
zu meistern nun ihr Dasein gut,
bevor sie letztlich wieder ruht.

\* \* \*

# Der Stein

Ein Stein ist Zeuge seiner Zeit,
er gab den Jahren sein Geleit,
führt er vor Augen uns erneut,
Geschichte früh'ster Zeit bis heut'.

Sein Muster zeigt die Spur der Zeit,
Millionen Jahre er vereint,
ein Wunder an Beständigkeit,
konnt' abwehren so manchen Feind.

Verrät er uns durch seine Form,
durch Muster, Farbe und durch Schicht,
welch' Zeitgeschehen ganz enorm,
gab ihm sein heutiges Gesicht.

Und könnt' er sprechen, er würd's tun,
würd' nicht nur liegend weiter ruh'n,
er würd' erzählen viele Jahr,
an Spannung wär dies unschlagbar.

\* \* \*

# Lebensblüte

Die Blüte des Lebens,
sie duftet und strahlt,
als Erfolg langen Strebens,
verleiht sie dir Halt,
welcher dich lässt erspüren,
wie sehr Glück kann verführen.

Wirst erkennen den Sinn
und durch ihn den Gewinn
deiner lehrreichen Zeit -
machte sie dich gescheit.

Du wirst finden das Glück,
immerfort, Stück für Stück,
je bewusster du schaust
und dem Leben vertraust.

Wirst verlieren die Angst,
wenn du Hoffnung erlangst
auf ein ewiges Sein
und den goldenen Schein,
wenn du völlig gelöst
auf die Wahrheiten stößt,
die dich ewig befrei'n
von dem irdischen Sein.

# Die Gezeiten

Voll Wunder stecken die Gezeiten,
Genauigkeit bestimmt ihr Bild,
der Mond wird sie vertraut geleiten,
ob's Wasser ruhig ist oder wild.

Zu jeder Stund ist's auf dem Wege,
kaum ist es da, ist's wieder fort,
die Kraft des Mondes es bewege,
von einem hin zum nächsten Ort.

Zurück bleibt dann nur weites Watt,
oft viele Kilometer lang,
und endlos Sand, jedoch kein Blatt
und Unmengen von Schlick und Tang.

Und wandert man mal weit hinaus,
erkennt man auch mit welcher Saus,
das Wasser ganz gezielt und schnell,
erweitert seinen Flutenquell.

Steckt viel Gefahr darin und warnt,
die Flut sich oft mit Ruhe tarnt,
doch ist man ihrem Lauf erlegen,
kann nur ein Schwimmer sich bewegen

an ein sichereres Ziel
als in den nächsten kleinen Priel,
denn auch dieser füllt sich schnell
durch den großen Flutenquell.


Drum seid bedächtig stets im Watt,
wenn es vor euch liegt so glatt,
denn sein Zauber ist die Macht,
die als Risiko stets lacht
und uns verführt zu einer Tat,
welch man bereut trotz gutem Rat.


\* \* \*

# Toskana

Weites Land und seichte Hügel,
gelb und beige gereiftes Korn,
liebevoll verliehene Flügel
tragen dich so sanft davon,
während du in Trance nun gleitest
und die Grenzen überschreitest.

In der Harmonie des Fluges
sinnst du nach der tiefen Gier,
während des Entdeckungszuges
wie ein kleiner Pionier,
all das Neue, all das Schöne
aufzuspüren voll und ganz,
einzutauchen in den Zauber
und den eindrucksvollen Glanz,
in das Licht der tausend Sonnen
und der vielen Schatten auch.

Die Kulisse scheint zerronnen
und die Luft umhüllt von Rauch,
wenn der Tag hinter den Hügeln,
ganz verborgen geht zur Ruh
und die Nacht unter den Flügeln
bringt die Dunkelheit im Nu.

Anja Lucas-Roth

# Leidenschaft

So liegen wir im feuchten Gras,
des Himmels Licht ist rot wie Glut,
der Morgentau erfrischt uns nass,
die heißen Körper unser Blut.

Erhitzt, erschöpft und so ergeben,
bewegungslos der Macht erlegen,
erlauschen wir den Pulsschlag still,
einander man ihn fühlen will.

So will ich dich unendlich spüren
und mit dir die Zeit berühren,
jeden Augenblick erfahren
und gedanklich ihn bewahren.

Zugedeckt von Zärtlichkeit,
ein Zauberschleier voll Gefühl,
umhüllt nur diese Zweisamkeit,
welch uns das stille Glück verleiht.

Erblicken durch ihn schemenhaft,
so reich erfüllt von Emotion,
den Horizont der Leidenschaft
und tragen ihn im Geist davon,
als würde er nur uns gehören,
denn nichts darf diesen Zauber stören.

# Zirkusluft

Spannung unser Herz beflügelt,
Respekt die Leistungen besiegelt,
welche Mensch und Tier zusammen
führen vor sogar in Flammen.

Springt ein Tiger durch den Reifen,
welcher brennt - kann man's begreifen?
Ballerinas balancieren
und Artisten, die jonglieren
hoch droben unter'm großen Zelt,
erobern sie die Zirkuswelt.

Zeigen sie uns ihre Werke,
voller Kunst und Glanz und Stärke,
und obwohl es ist gefährlich,
lachen sie dabei so ehrlich.

Woll'n wir endlich applaudieren,
wollen sie sich konzentrieren,
so ersehnt man die Sekunde,
welche lockert diese Runde.

...

Ist die Vorstellung gelungen,
haben sie die Ehr errungen,
welche ihnen wird zuteil,
durch Applaus und durch die Weil,
dessen Länge uns verrät,
dass von uns dies keiner tät.

Gäb's nur eins, was wir uns trau'n,
höchstens mal zu spiel'n den Clown.
Dieser darf auch hier nicht fehlen,
er will den Zirkus doch beseelen.

Zeigt er Tränen und sein Lachen
und noch andere tolle Sachen,
führt er vor seine Geschicht'
und gibt dem Zirkus ein Gesicht.

# Blattgeflüster

Wie kraftvoll strahlt ein Sommerblatt,
voll Saft und Stärke scheint es satt.
Ob's groß, ob's klein oder grazil,
verleiht's dem Baum zugleich Profil.

Sein lang ersehntes Frühlingsgrün
lässt schon im Mai die Herzen glüh'n,
mit Freude auf die Sommerzeit
und auf das bunt' Oktoberkleid,
welch' das Blatt dem Baume schenkt
und alle Blicke auf ihn lenkt.

Doch der Herbst bringt auch die Nachricht,
ihm wird's mangeln bald an Licht,
wenn am kurzen Tag es dunkelt
und gar Eis am Boden funkelt.

Seiner Kraft erschöpft und müde,
spielt es seine letzt' Etüde,
schwebt zu Boden so graziös,
als wär dieses sein Erlös.

Landet seicht im dichten Laub
und erbittet mit Verlaub,
uns zu erinnern voller Acht,
welch' Schönheit es dem Baum gebracht.

# Vom edlen Ross

Von Feinsinn geprägt,
voll Edelmut schnaubend
gelingt es ihm zweifellos atemberaubend,
die Menge der Blicke stets auf sich zu zieh'n,
ohne in Panik vor ihnen zu flieh'n.

Zeigt es uns wiehernd sein freud'ges Gemüt,
präsentiert überzeugend sein stolzes Geblüt
und führt uns mit Würde die eiserne Kunst
der edlen Bewegung vor, durch seine Gunst,
welch' lässt uns berühren sein wirkliches Herz,
seine tiefe Vertrautheit zum wirklichen Schmerz,
wenn's leidet und nichts außer traurigen Blicken
als Botschaft aus seinen Augen wird schicken.

Seine Sprache ist zweifellos stets sein Gefühl,
wenn es würdigt uns nicht mal,
ignoriert es uns kühl,
wenn es scheut oder schnaubt
oder schaut voller Glück,
dann blicken auch wir in seine Seele ein Stück.

Doch nachts, steht es träumend im Stall,
im Rhythmus des vertrauten Klangs,
erhorcht es die Töne der Nachtigall
und erfreut sich des zauberhaften Gesangs.

Fuchswallach

Anja Lucas-Roth

# Konzertstimmung

Ein Zupfen lässt den Bass erklingen,
ein Streicher seine Saiten schwingen.
Auch Hände über Tasten fliegen -
Akustik will den Saal besiegen.

Erklingen Töne, hoch und tief,
nicht immer gerade -
auch mal schief,
doch haben alle diesen Sinn:
Musik zu feiern als Gewinn.

Der Lauschende erhorcht den Wert,
erkennt, dass Ruhe eingekehrt
und diese ihn die Botschaft lehrt,
dass jeder Ton ihn schon begehrt.

Schließt er sich ganz der Stimmung an,
welch' zieht ihn gar in ihren Bann,
erlaubt sie ihm, doch eins zu sein
mit ihrem Klang und Zauberschein.

Entflieht er so in eine Welt,
in welcher jede Note zählt
von Instrumenten oder Stimmen,
Schwingung lässt sie stets erklingen.

So führt ihn jede Melodie
hinein ins Reich der Phantasie,
beschert ihm neben Träumerei,
Zufriedenheit und Glück anbei.

Es ist der Zauber der Musik,
dem ich als Lauschender erlieg,
ihr gleichsam meine Achtung schenk'
und in ihr meinen Geiste tränk'.

\* \* \*

# Der Leopard

Gedankenversunken und hoch konzentriert,
den Blick so zielgenau gepeilt,
verfolgt er sein Opfer ganz unbeirrt,
während dieses noch arglos verweilt.

Sinnesgeschärft folgt er jeder Spur,
ohne Rücksicht auf jegliche Kreatur.

Im beschwingten Galopp
tanzt er um sie herum,
wenn der lauteste Hilferuf,
scheinbar doch stumm,
in der Leere verhallt
und die ängstliche Lähmung
ergreift die Gestalt.

Dieser Kampf ist Natur
und durch sie ein Prinzip,
nach dem jeder verfolgt
seinen eigenen Trieb,
und so klingt es fast komisch,
wenn auch der Leopard
aus Angst vor dem Feinde in Panik erstarrt.

Leopard

Anja Lucas-Roth

# Zaubermelodie

Gefühle tragen sanfte Klänge,
so zärtlich wiegt sie die Musik,
sie fließt hindurch durch alle Ränge,
verleiht der Emotion den Sieg.

Ein jeder horcht und lauscht den Tönen,
wenn die Noten ihn berühr'n
und sein Empfinden dadurch krönen,
ihn seiner Sinne gar entführ'n.

Im Rausche des Genusses weilt er,
voller Hingabe in Trance,
und spürt in diesem sanften Meere
so eine liebliche Balance.

·Mit jeder Welle treibt er weiter
in die Weiten der Musik,
sie ist das Pferd und er der Reiter,
der diesem Zauberklang erliegt.

# Vom Weibe

Im Garten Eden, weit ab der Ferne,
hat sich die Frau von heute gerne.
Sie schürt das Feuer auf dem Herde
zumeist bei freundlicher Gebärde.
In mancher Tat sie sich ertappt,
dass vieles doch nicht so gut klappt,
wie sie es sich hat vorgestellt
im Paradiese dieser Welt.
D'rum scheut sie keine weitere Tat,
zu säen eine neue Saat.

Mit Hilfe ihrer Weibesmacht
sie über ihre Würde wacht.
So streckt sie Po und Busen raus,
poliert so blitzeblank ihr Haus
und lädt sich nun fünf Herren ein,
welch sollen ihre Retter sein.
Den einen regt sie an zum Kraulen,
nicht grade etwas für die Faulen,
den Zweiten bittet sie um Kost
und um Wein aus edlem Most.
Den Dritten lässt sie Bücher bringen,
welch' sie beim Kraulen kann verschlingen.
Der Vierte lehrt sie die Kulturen mit ihren vielen
tausend Spuren.

...

39

Den Fünften aus dem Bund der Herren
lässt sie in ihre Sinne sperren.
Mit dem Wissen ihrer Lehren,
will sie ihn nicht nur begehren,
sondern manchmal auch verstehen,
um den richtigen Weg zu gehen.

Nun nach Wochen vieler Worte,
backt sie ihre beste Torte
und schöpft aus ihrem Repertoire
der Liebeslust ganz wunderbar.
Doch bebt der Augenblick der Nähe,
als wenn sie einen Fremden sähe.
Sie flüchtet aus dem Liebesnest,
welch gibt dem Arrangement den Rest.
In Zeiten ihrer Einsamkeit
ist sie jedoch nun auch bereit,
ihr Paradies ganz neu zu sehen,
um nun den wahren Weg zu gehen.
Seither horcht sie in ihr Herz
und begrüßt den wahren Schmerz,
welcher ihr Gespür für Liebe,
nicht begrenzt nur auf die Triebe.
Ihre Gabe, auch zu geben,
lässt sie fortan glücklich leben.
Ihre Muße, zu verstehen,
lässt sie sichere Wege gehen.
Doch die allerbeste Lehre,
ist für sie die größte Ehre:
An sich selbst so stark zu glauben,
kann ihr keinen Traum mehr rauben.

# Zeitraffer

Geschwind oder verhalten still,
bewegungslos oder mit Hast,
Momente, die man halten will
eh die Erinnerung verblasst,
sind wie ein Zug, welch rast vorbei
und hinterlässt ganz nebenbei
die Wehmut an die Zeit zuvor,
welch klingt uns lange noch im Ohr.

Es reicht ein Blick meist auf ein Bild,
zu fühlen den Moment erneut,
im Augenblick ist man gewillt
sie zu erspüren, diese Freud.
Man scheinbar so die Zeit besiegt -
doch nur der Vorstellung erliegt.

Denn sie erobert unser Herz,
wenn sie bekundet unseren Schmerz
und unseren Gedanken zeigt,
dass die Erinnerung nie schweigt.

...

So reicht uns oftmals nur ein Hauch
des damaligen Glücks im Bauch,
Gedanken wieder zu erwecken,
ihren Duft zu riechen, sie zu schmecken
und sie in vertrauter Weise
kurz zu stoppen auf der Reise.

In der schnelllebigen Welt
sind Gedanken das, was zählt.
Und haben sie erst ihren Platz,
sind sie für uns der reichste Schatz.

\* \* \*

# Aus dem Hundehimmel

Liebes Herrchen, tröste dich,
ich weiß, wie sehr du liebtest mich
und auch mein Herz schlug nur für dich,
ich nie von deiner Seite wich.

Verband uns traute Zweisamkeit,
und liebten wir es raus zu geh'n,
des Abends die Geruhsamkeit,
ließ manche Sorge schnell vergeh'n.

Kann ich dich nun nicht mehr begleiten,
so wird mein Geist dich doch geleiten,
meine Nas kannt jede Wies,
jeden Windzug, welcher blies.

Wirst an all bekannten Stellen
auch erinnert sein ans Bellen,
wenn du andere Hunde siehst
und vor deinen Tränen fliehst.

Doch so soll dich trösten eins:
Du warst mein Licht des Sonnenscheins,
gabst Futter mir und auch ein Dach,
dafür ich hielt dir treu die Wach'.

...

Nie verlor'n geht diese Liebe,
unerfüllt sie doch erst bliebe,
wenn einander nicht gedacht,
Erinnerung nicht in uns wacht.

D'rum gedenke meiner immer,
sonst der Schmerz wird sein noch schlimmer,
schließ mich in dein Herz fest ein,
dann werd' ich ewig bei dir sein.

Sind die Tränen reich geflossen,
denk auch an meine Artgenossen.
Mancher sitzt gar wie in Trance
im Zwinger, hoffend auf die Chance,
welch' du bereit wärst, ihm zu geben,
um erneut zu zweit zu leben.

Reich erfüllt von Stolz und Mut,
tät nun ein neues Tier dir gut.
Und eins sag ich mit Sicherheit:
Die Wunden heilen mit der Zeit.

Engel

Anja Lucas-Roth

# Schutzengel

Wie oft schon war man Glückes Kind,
wenn die Bedrohung schien geschwind
zu greifen nach des Lebens Blüte,
doch eilte Rettung erster Güte,
völlig unverhofft und schnell
und als Geistesblitz so hell,
dass man rätselnd erst erkannt,
wie ein Engel ganz charmant,
hat bewahrt und uns gegeben
unser eig'nes heiles Leben.

Weiß man's oftmals überhaupt nicht,
dass so mancher Schritt war knapp,
dass ein Engel uns im Gleichgewicht
von Gefahren hielt noch ab.

Müsst man danken ihm wohl immer
für diesen großen Hoffnungsschimmer,
dass uns allen hin und wieder
bloß ein Schreck fährt in die Glieder.

# Laborbericht

Verfror'n und laut sein Herzlein pocht,
sein Rhythmus stockt ein manches Mal,
obwohl sein Wesen gern gemocht,
erspart man ihm nicht diese Qual.

Vergangen ist das Lebensglück,
doch gab es dieses überhaupt?
Der Käfig sein Gemüt erdrückt,
die Freude wurde ihm geraubt.

Sein Blick erfasst Momente nur,
sein Horchen lauscht den Uhren stur,
erwähnt er die Sekund' herbei,
in welcher seine Qual vorbei.

Zerbrochen ist sein Seelenbild,
zu keiner Tat ist er gewillt.
Ist er gebor'n zum Forschen nur,
zum Sterben führt die Höllentour.

Labor und Käfig sind sein Heim,
sein Herz - es muss alleine sein.
Keine Freud' in seiner Welt,
verlangt von ihm, dass er je bellt,
vielleicht gar wedelt oder schnurrt,
vielmehr er vor den Spritzen knurrt.

...

Aus Angst er laut um Hilfe weint,
doch hören kann ihn nur sein Feind.
Bedarf es nunmehr unserer Tat,
ihn zu befrei'n aus dem Diktat.

Und welcher Mensch dies nicht erkennt,
zeigt, dass ihn nichts vom Tiere trennt
und wäre dies Intelligenz,
somit auch die Differenz,
welch' uns Menschen nachgesagt,
ein solches Schicksal  u n s  erspart.

Steht doch die Frage nun im Raum,
hat mancher Mensch Gefühle kaum?
Würd' sicher jedes Hundeherz
seinen Herrn bewahr'n vor solchem Schmerz.

\* \* \*

# Obdachlos

Vieler Orts und immer wieder,
liegt ein Mensch am Boden nieder,
zieht die Knie bis hin zum Kinn,
wenn er sich ratlos fragt: "Wohin?"

Diese Haltung, wie beschrieben,
ist als letzter Schutz geblieben,
sich zu wärmen mit der Kraft,
welche nur der Körper schafft.

Ohne Kleidung, ohne Decken,
muss er sich vor ihr verstecken,
vor der Kälte und der Macht,
welch' als Tod stets bei ihr wacht.

Denn so mancher hat kein Lager,
ist zudem auch noch sehr mager,
fehlt's an allem ihm so sehr,
dennoch setzt er sich zur Wehr.

Seine Hoffnung ist das Leben,
würd' auch er so gerne streben,
doch die Chance man ihm nicht gibt,
ist sein Bild meist nicht beliebt.

Ist's ein Teufelskreis der Leere,
doch hat dieser Mensch auch Ehre,
weshalb auch ihn man sollte achten,
nicht als Penner ihn betrachten.

# Hunger

Die Rippen stechen aus der Haut,
die Wangenknochen Gipfeln gleichen,
es keinen gibt, der gern hinschaut,
so viele gehen über Leichen.

Erklimmt der Hunger erst die Seele,
dauert's nur noch eine Weile,
bis der Mensch noch zählt die Stunden
und Erlösung naht den Wunden.

Trifft ein Blick uns aus den Augen,
müssen uns der Frage beugen,
welche Hilfe kann man geben,
zu erhalten dieses Leben?

Eine wahrlich reiche Spende
fängt bei kleinen Gaben an
und führt vielleicht zu der Wende,
dass man wirklich helfen kann.

Ein Weg wär da, der Wille fehlt
und da, wo er bleibt unentdeckt,
ein Mensch sich weiter hungernd quält
und Schand' und Scham uns schwer befleckt.

# Krieg

Fremde Blicke auf mich sehen,
fremde Beine vor mir stehen,
fern von aller Freundlichkeit,
ohne jede Sittlichkeit.

Geladene Verteidigung
als Drohung vor Beleidigung,
der Feind den Winkel ausgemacht,
das Opfer schon still ausgelacht.

Ist dies denn nun Verständigung?
Doch eher die Beendigung!
Ein Dialog der Waffen nur,
und Tötung, Schmerz und Kummer pur.

Das feindliche Geschosse nun,
in Folge wird im Feinde ruh'n.
Die Sprache einer Welt von heut',
die jede Art von Liebe scheut.

# Erinnerung

Oft sucht man nach dem richtigen Wort,
zu äußern sein Empfinden gleich,
zu anderer Zeit, an anderem Ort,
ist man erfüllt von Sprache reich.

Könnt nun beschreiben und versteh'n,
Gefühlseindrücke, die vergeh'n,
hätt' man sie nicht bewusst erwählt,
zu schönsten Stunden sie gezählt.

Erinnern uns gar mancher Düfte,
an längst verflogener Zeiten Lüfte,
sie tauchen uns in ihren Schein
vergangener Augenblicke ein.

Erfreu'n der Gabe uns zu lieben,
zu wählen uns das Schönste aus,
denn so wird jedes Blatt beschrieben,
gedankenreich, jahrein - jahraus.

Und liest man dieses Tagebuch,
welch' die Erinnerung uns schrieb,
erliegt man oft gar dem Versuch,
zu fühlen nochmals, was uns trieb.

# Das Himmelreich

Weiß wie Watte, groß und weich
zeigt sich uns das Himmelreich,
wenn gefüllt mit Wasser schwer,
die Wolkendecke drückt so sehr.

Schickt viele Tropfen uns hinab,
welch fallen nieder wie im Trab,
mal laut, mal leis, doch immerfort,
gleichmäßig von der selben Sort'.

Erfüllen unsere Erde gar
mit übergroßer Wasserschar,
wenn Flüsse sprengen ihren Weg
und Straßen wandeln sich zum Steg.

Erst wenn die Kälte zieht herein,
kann Niederschlag auch lustig sein,
wenn statt der Tropfen nun die Flocken
ins weiße Schneeland uns raus locken.

...

Der Himmel seine Stimmung zeigt,
wenn täglich sich die Sonne neigt.
Die Nacht beschert uns Dunkelheit,
hält das Geheimnis uns bereit,
ob morgen werden Wolken zieh'n,
oder ob wir Sonne seh'n.

Schickt der Himmel nachts die Sterne,
welche leuchten still und tief,
lesen wir die Botschaft gerne,
wie aus einem fernen Brief,
wenn wir sie mit viel Geschick
zu deuten wissen, Stück für Stück.

Der neue Tag sein Schweigen bricht,
indem er bringt uns neues Licht.
Erblicken wir in ihm sogleich
die Grüße aus dem Himmelreich.

\* \* \*

# Waldliebschaft

Es schleicht ein Fuchs gar lauernd rum,
er hofft auf dicke Beute,
doch plötzlich hat er Publikum,
ein Dutzend Jägersleute.

Versteckt er sich im Dickicht nun,
muss unentdeckt er bleiben,
bewegungslos muss er jetzt ruh'n,
sonst wird man ihn gar treiben.

Verängstigt hockt er, ihm ist flau,
da hüpft die Häsin plötzlich
und winkt ihn rüber in den Bau,
fragt "Bist auch Du verletzlich?"

Der Fuchs sich an die Häsin schmiegt
und reicht voll Dank die Pfote.
Die Drossel, welch' vorüber fliegt,
hat dafür keine Worte.

Sich wundernd, aber hoffend gleich,
dass dies nicht ist ein dummer Streich,
sieht sie die Häsin ganz entzückt
und hält die beiden für verrückt.

# Palmenflair

Im Lichte warmer Strahlen
erspäht mein Blick die Palmen,
und wie sie dort so prahlen
und Wege prachtvoll säumen,
erfüllen sie mit stiller Muße,
erhaben, wachsam und mit Größe
den Anspruch an das Urlaubsflair,
verbunden mit dem weiten Meer.

Sie fächeln mild im Winde
mit ihren großen Wedeln
und ihre Palmenrinde
will ihren Stamm veredeln.

Ihr Anblick lässt uns träumen
von Ruhe und sanften Wellen,
doch auch von einem Schäumen
kraftspendender Quellen.

Und horcht man in ihr Rauschen,
dann kann man ihnen lauschen,
und ihre Kraft erspüren,
wenn sie uns so verführen.

Mediterran I

Mediterran II

Anja Lucas-Roth

# Igelpupse

Des Abends als die Kälte kam,
ein Igel kroch im Beete,
sein linker Flunk war leider lahm
und Hunger ihn auch quälte.
Da roch er plötzlich Kardamom
und Zimt aus einer Tüte,
er kannte sicher kein Pardon
und folgte dieser Güte,
die sich vor seines freud'gen Blick's
entpuppte als sein großes Glück.
Mit seiner spitzen Nas' zuerst,
kroch er hinein ins Futter
und fand recht schnell und auch beherzt
ein Stutenbrot mit Butter.
Daneben gab es Zimtsterne
und dunkelste Oblaten,
auch dies fraß unser Igel gerne
und schien nun gut beraten,
zu naschen nicht zu viel von dem,
was wahrlich seinem Magen
nicht wirklich konnt' behagen.
Kaum war er rund und mächtig satt,
da kippte er und war schlicht platt.
Er schleppte sich mit einem Schubs
in seinen Blätterhaufen,
in welchem ihn ein Riesenpups
erlöst und müd' ließ schnaufen.

# Die Spinne

Es ragte einst ein Spinnenbein
in meine Küchentür hinein,
so weilte ich für kurze Zeit
an dieser Tür und schien bereit,
das schwarze Tierchen anzufleh'n,
doch besser wieder rauszugeh'n.

Doch plötzlich kam ein zweites Bein,
sowie ein drittes zur Tür herein
und ließen mich erstarrt zurück -
die Spinne hatte wirklich Glück,
da mir in meinem Hin und Her
eine Entscheidung wirklich fiel sehr schwer,
und eh ich mich entschließen konnt',
kam sie im Ganzen reingerannt.

Oh Graus! Ich sah, wie groß sie war,
mein Haupthaar nun zu Berge stand,
im Grunde war sie wunderbar,
inzwischen saß sie an der Wand,
und blickte nun auch mir erstaunt
und völlig überrascht entgegen,
obwohl sie schien recht gut gelaunt,
wollt' sie sich dennoch nicht bewegen.

...

So harrten wir im Schockzustand
für ganze zwei Minuten,
und schienen beide tolerant,
so ließ es sich vermuten.

Im nächsten Augenblicke dann,
entschloss ich mich zu pusten,
der Kampf, den ja nun ich gewann,
versetzte mir ein Husten,
an dem ich mich verschluckte schwer -
ich sah die Spinne nimmer mehr.

* * *

# Der Fuchs

Ein Fuchs auch ein Symbole ist,
er zeigt die Schlauheit immerfort,
so gilt dies auch für seine List
und alles dies ist nur ein Wort.

Der Fuchs verweist sogleich auf Tücke,
so kann er töten seinen Feind,
für jeden Fluss kennt er die Brücke,
als ob er Qual zu mögen scheint.

Doch, ist's nicht auch die eigene Angst,
die Schlacht nur nebenbei entsteht?
Auch er stets um sein Leben bangt,
nur meist als Sieger wieder geht?

Ein schlechter Ruf ihn zwar befleckt,
sein'n Typ und sein Klischee bestimmt,
ein anderes Bild doch in ihm steckt
und er sich nur als Fuchs benimmt.

Ein guter Wille doch besteht,
von außen nur noch nicht entdeckt,
er zwar auch Fehler oft begeht,
doch rettend selbst den Halse reckt.

# Der Hirschkäfer

Es kroch in feinster Angeberei
ein Käferchen mitsamt Geweih
den Waldweg quer Feld ein gen Süd,
nichts ahnend, was ihm alles blüht
an diesem wunderschönen Tag
mit seinem glatten Straßenbelag.
Verwandelte sich seine Chaussee
in eine Bahn aus Eis und Schnee,
als letzte Nacht die Kälte kam
und machte alles unwegsam.
Erhobenen Hauptes schritt er nach vorn
und langte direkt in einen Dorn,
welch brachte ihn ins Trudeln nun,
dies hatte mit seinem Geweih zu tun,
welch würdevoll als Amulett
getragen wird von ihm ganz nett,
doch ist es schwer und auch rein faktisch
nicht im geringsten auch nur praktisch.
In den meisten dieser Fälle,
wenn man eben auf die Schnelle,
geht hinaus um zu flanieren,
kann man sich jedoch blamieren,
und man landet zum Entzücken
aller Damen auf dem Rücken.
Kommt jedoch als schnelle Hilfe,
eine Dame aus dem Schilfe,
ist der Stunt ein Lächeln wert,
wenn sie ihn fortan begehrt.

# Wolfsbegegnung

Manchen schaudert der Gedanke,
bei Vollmond in den Wald zu gehen.
So fürchten wir des Wolfes Pranke,
welch' könnte plötzlich vor uns stehen.

Entsteigen könnt' er dichtem Nebel,
würd' er tanzen und sich freu'n,
seine Zähne, scharf wie Säbel,
keinen Biss würd' er je scheu'n.

Blickt er hungrig, voll Verlangen,
hinter dunklen Büschen vor,
glaubt er uns bereits gefangen,
heult uns seinen Sieg ins Ohr.

Plötzlich schleicht er leis vorüber,
nur den Schatten kann man seh'n,
dann, ein Lichtblitz gegenüber,
lässt auch dieses Bild vergeh'n.

Unser Blut schießt durch die Adern,
unser Puls verrät die Not,
steh'n wir dennoch da und hadern,
fürchten wir den nahen Tod.

...

Wagen kaum uns nur zu drehen,
stehen starr und atmen nicht,
die Wolfsgestalt wir nicht mehr sehen,
doch ein menschliches Gesicht.

Bloß, was ist das, dort die Haare
und die Pranken, wie ein Tier?
Man erkennt nun, Gott bewahre!,
eine Wolfsverwandlung hier.

Sich das Wesen schmerzvoll windet
und sein Blick erstarrt in Wut,
auch der Wolfspelz langsam schwindet,
nur die Zähne sind voll Blut.

Dieser Anblick lässt uns schreien,
doch bewegen wir uns kaum.
Erst der Tag wird uns befreien
aus dem fürchterlichen Traum.

\* \* \*

# Sternschnuppen

Es strahlt am großen Firmament
ein runder heller Dirigent,
welch' uns als Mond bekannt geworden,
sowohl im Süden wie im Norden.

Sein Licht erhellt die dunkle Nacht,
so still er unseren Schlaf bewacht
und manchen er als Vollmond weckt,
wenn keine Wolke ihn verdeckt.

Um ihn herum ein buntes Treiben,
welch' wir als Sterne oft beschreiben,
wenn sie funkeln und verkünden,
"lasst einander uns verbünden,
um als Lichtstrahl zu erscheinen,
uns in Schnuppen zu vereinen."

Auch zur Erde woll'n sie gleiten
und die Freude uns bereiten,
einen Wunsch an sie zu richten,
wenn wir sie im Rausche sichten.

Fällt gen Himmel mancher Blick,
erhofft man mit ein bisschen Glück,
zu erblicken den Moment
des hellsten Scheins am Firmament.

# Nebel

Verschwommen richtet sich mein Blick
zur Dünenhöhe hin zurück,
auf der so wunderbar erschwert,
der Nebel seine Schwaden mehrt.

Umringt er lautlos jeden Halm,
erstickt er ihn im feuchten Dunst,
die Ferne scheint nun wie durch Qualm,
verzaubert durch die Nebelkunst.

Und doch blickt durch das Nebelkleid
vom fernen Meer ein Lichte her,
von einem Fischer draußen weit,
welch' lieber wohl am Lande wär.

Die Stille lässt kein Lüftchen weh'n,
die Möwen ruh'n fast andächtig,
so kann die Nebelwand ersteh'n,
ihr Umfeld scheint gar ohnmächtig.

Im tiefsten Rausche dieser Stille
offenbart sich erst der Wille,
zu entschwinden diesem Nebel
und zu lockern seine Knebel,
um zu fliehen schnellstens fort,
an einen behaglicheren Ort.

Dünenweg

Karin Kreusch

67

# Spuren im Sand

Mein Auge sucht die ferne Sicht,
die Dünen mit dem grünen Kleid,
der Wind erfasst mein Angesicht
und trägt den feinen Sand so weit.

Der Sturm erobert mein Gespür,
es weht ein Tang- und Algenduft.
So spüre ich die Gier in mir,
sie zu verschlingen, diese Luft.

Die Brise zischt in meine Lungen
und klingt an meinem Ohr vorbei,
als hätt' ein ganzer Chor gesungen
und jeder Ton für sich scheint frei.

Mein Blick sich richtet auf das Watt,
welch' vor mir liegt so feucht und glatt,
geprägt von Spuren hier und dort,
der Leut', welch war'n vor mir am Ort.

So drängt sich mir die Frage auf,
welch' Mensch und Tier im Zeitverlauf,
eroberte zuvor den Strand
und folgte einer Spur im Sand?

# Meer der Gedanken

Dort sitz' ich nun und blicke weit
ins tiefe Tal der Wellen.
Gefühle kennen keine Zeit,
man muss sich ihnen stellen.

Es wächst mit jeder Welle neu
ein Potenzial an Wasser,
ganz eigen, seiner Form getreu,
mal stärker blau, mal blasser.

Zum höchsten Punkt steigt sie hinauf
und überschlägt sich voller Kraft,
sie gleitet fort in ihrem Lauf,
vermischt erneut sich meisterhaft.

Ist's wie ein Leben, welch' entsteht,
welch' stärkt sich voller Energie,
doch irgendwann es auch vergeht,
wenn aufgebraucht die Batterie.

Verläuft auch hier sich nur die Form,
ein Ausdruck, nicht jedoch der Geist,
er gleitet ohne Uniform -
ins Meer ist er zurück gereist.

...

Vereinen dort Gedanken sich,
Gefühle, all die Energie,
bewegen von dort ewiglich
auch unsere eigene Phantasie.

Verbindet uns derselbe Weg,
d'rum ist der Blick auf's Meer so reich,
denn über jeder Welle weht,
ein Gruß auch aus dem Seelenreich.

\* \* \*

# Gaumenfreuden

Garnelenspieße auf Salat,
als Vorspeise ganz delikat,
auch Avocados sind gefragt,
doch auch ein Räucherlachs behagt.
Genießt man hierzu guten Wein,
muss auch Baguette im Rahmen sein,
ganz frisch und heiß ist's ein Genuss
und für die Vorspeise ein Muss.
Serviert wird nun vor dem Kamin,
in Rahm vom Rinde ein Filet,
dazu und ganz in seiner Näh',
Kartöffelchen in Rosmarin.
Prinzessböhnchen und Pfifferling,
an Vitaminen nicht gering,
ergänzen diese Liebelei
und schmecken wunderbar anbei.
Der Käse erst den Magen schließt,
wenn man bei Rotwein ihn genießt,
ein Camembert, gereift und weich,
darf niemals fehlen im Feinkostreich.
Im Anschluss locken Trüffel fein,
von Cognac-Sahne darf es sein,
doch auch ein Mousse ist hochbegehrt
und seine Kalorien wert.
So lässt sich's leben und genießen,
ein Tag sich köstlich lässt beschließen,
wenn der Gourmet in uns erwacht,
den Appetit in uns entfacht.

# Des Körpers Klagebrief an seinen Herrn

Es klagt die Niere: "Ich muss putzen,
muss meinen Herrn vor Gift beschützen,
doch was tut er da? Er trinkt!
Wenn er wüsst', wie mir das stinkt!"

Es klagt die Leber: "Ich ersticke!
Was macht er bloß, der blöde Dicke?
Er will schön feiern und verkennt,
dass er schon um sein Leben rennt!"

Es klagt der Magen: "Meine Schleimhaut!
Was zum Teufel er sich reinhaut!
Einem alten kranken Magen,
kann dies Leben nicht behagen."

Und eh die Ruh' kehrt wieder ein,
wird jede Müh' vergeblich sein,
ihn zu belehren, ihn zu bitten,
gedenken sollt' er guter Sitten,
denn mit dem nächsten Schlucke schon,
erhebt der Tod sich hoch vom Thron.

Bedroht ihn ernst durch echte Qualen,
lässt ihn für dieses Leben zahlen,
doch der Preis ist wahrlich hoch,
bedenkt man nun sein Alter noch,
wär' es doch schade um die Jahr,
welch' könnt er leben wunderbar.

Drum lasst euch dies die Warnung sein,
und haltet euren Körper rein.
Im Alkohol steckt auch noch Spaß,
wenn man genießt ihn erst im Maß.

Es scheint das Wichtigste doch dies,
man weiterhin die Jahr' genießt
und nun mit Rücksicht auf sein Leben,
das Glück durch Sorgfalt wird anstreben.

\* \* \*

# Zahnen leicht gemacht

Die Ersten fallen aus,
die Zweiten muss man pflegen,
die Dritten nimmt man raus,
im Glas kann man sie hegen.

Nicht jeder muss sich plagen,
wenn er die Zweiten putzt.
Die Ersten müsst' man fragen,
habt ihr mir denn genutzt?

Erst schmerzten sie beim Zahnen,
kaum sie dann draußen waren,
fielen sie auch wieder aus,
welch' Prozedur, oh Graus!

Von nun an sollt man fleißig,
polier'n die Zweiunddreißig,
damit sie lang erhalten,
im Dienst des Mundes walten.

Und hat man erst ein Löchlein,
dann hält man das Problem klein,
wenn es wird schnell behandelt,
und den Mund nicht erst verschandelt.

# Weihnachtsgeflüster

Die Sterne blicken auf die Erde,
reich erfüllt von goldenem Glanz,
leuchten sie den Weg dem Pferde,
welch zeigt im Trab den Weihnachtstanz.
Kommt mit ihm und mit dem Schlitten
auch der Weihnachtsmann geschritten,
verkündet eine Nachricht fromm:
"Seht, dass ich aus dem Himmel komm!"
Mit ihm ein Heer an Engeln rauscht,
welch' Glocken klingend ihn begleiten,
der Mond dem Zauber ruhend lauscht,
wird er voll Andacht sie geleiten.

Und kehrt die Stund mit ihrer Spannung,
in all die frommen Häuser ein,
ersuchen wir nun die Gesinnung,
zu wahren ehrfürchtig den Schein.
Entzünden Kerzen, singen Lieder,
bescher'n einander Freuden klein
und entdecken immer wieder,
dass das Glück ins Herz zieht ein.
Wir bereuen unsere Sünden,
glauben dabei zu empfinden,
wie wir uns im Weihnachtsschein
waschen unsere Seelen rein.

...

Wir erklimmen auch die Höhe,
welch' uns Überblick verschafft,
welch' uns aufzeigt ohne Mühe,
dass uns fehlt noch eine Kraft.

Dürfen wir uns nicht belügen,
unsere Herzen nicht betrügen,
soll'n der Wahrheit treu ergeben,
nach der Weihnachtsbotschaft leben.

\* \* \*

# Die Sache mit dem Nikolaus

Die Sache mit dem Nikolaus,
die sieht wahrhaftig komisch aus.

Da stellt man seinen Schuh geputzt,
von Hoffnung und von Freud gestutzt,
ganz offensichtlich vor die Tür,
im Glauben man erhält dafür,
als Dank für all die guten Taten
und der neu gesäten Saaten,
ein Mitbringsel aus seinem Sack,
den er doch immer bei sich hat.

Der Mann, der stets verschwunden schnell,
wenn ich mich lauschend schlafend stell.

Doch was muss ich am Morgen seh'n?
Die Schuhe, die nun drinnen steh'n.
Als hätt' der liebe Mann gedacht,
das Ganze wäre ja gelacht,
als wollt' der volle Schuh allein
nicht vor der Tür des Hauses sein
und zaubert all die Leckerei'n
ganz plötzlich in das Haus hinein.

...

Mein liebes Mutterl weiß von nichts,
natürlich auch nicht angesichts
der vielen Fragen, die ich stelle
aus meiner Ideenquelle.

Drum wunder ich mich auch fortan,
vom ersten Tag, als ich begann,
den Nikolaus zu hinterfragen,
weil manche Zweifel an mir nagen.

Doch scheinbar gibt es wirklich was,
das nachts leis' schleichend voller Spaß
die Häuser sucht ganz ohne Licht,
um zu erhalten die Geschicht'
vom Nikolaus, der stets mit Mut
den Menschen etwas Gutes tut.

\* \* \*

# 30 km

VERTRAUT - GEATMET - VERSTRAHLT
Eine Welt, die den Preis dafür zahlt,
dass die Gier alle Regeln bestimmt
und den Opfern den Lebensraum nimmt.

Der Staub der Zerstörung
schwebt lautlos und dicht,
sein giftiger Nebel verbirgt sein Gesicht
hinter all seiner Tücke, mit der er umschleicht,
seine Beute, die ihm nur verstrahlt noch entweicht.

Zurück bleibt vielmehr als das Hab und das Gut,
mit hinaus aus der Zone kehren Trauer und Wut
und im Radius windet sich, versiegelt und still,
vergangenes Glück, das man mitnehmen will.

Im Klange des Schweigens
erwehrt sich der Schmerz
seiner drückenden Stille,
betäubend das Herz,
all jener, die nun ihrer Träume beraubt
und die Zukunft verloren, an die sie geglaubt.

...

Wo einst Seelen erfüllt und von Freuden gespeist,
scheint das Land nach dem Gau nur noch tot
und verwaist.
Keine Stimmen, kein Lachen,
kein pulsierendes Leben
wird es zukünftig auf diesem Boden mehr geben.

Nur die Angst dirigiert und sie fordert mit Macht,
dass der Mensch mit mehr Sorgfalt
die Erde bewacht,
denn das gierige menschliche Exemplar
ist in der Natur noch die größte Gefahr.


\* \* \*

# Zauberschleier

Munter zeigt man sich am Tage,
schlafend stellt man sich der Nacht.
Was passiert dann, ist die Frage,
wenn ein Traum in uns erwacht.

Seh'n wir vor uns bloß das Bild
eines Traums der Phantasie,
deren Reichtum uns erfüllt
und macht unsere Sinne wild?

Über uns ein Schleier fällt,
der als Schlaf uns träumend hält,
in uns diese Welt erscheint,
welche unsere Sinne eint
und welch' lässt uns das erleben,
wonach wir auch im Leben streben.

Meist das Glück sowie die Liebe
finden Ausdruck auch im Traum,
das, was unerfüllt uns bliebe,
gäben wir ihm nicht den Raum,
der des Nachts in uns entsiegelt,
von der Wahrheit nicht verriegelt.

...

Doch sind Träume auch mal traurig
oder gar als Albtraum schaurig,
wenn wir Ängste in uns spüren,
welche wir auch nicht verlieren,
wenn die Unruh' in uns wacht,
wie am Tag auch in der Nacht.

Man erschöpft sich und man regt sich,
erst am Morgen dann, es legt sich,
wenn die Sonne wir erblicken
und dem Tag die Sehnsucht schicken,
selber wieder Herr zu sein
unserer Sinne ganz allein.

\* \* \*

# Spiegelbild

Ein Spiegel uns ein Bild verrät,
ein Blick auch in uns selbst hinein,
er in uns Freud' und Ärger sät,
doch urteilen nur wir allein.

Ob Schönheit da ist oder nicht,
ist im Grunde gar nicht wichtig,
so sieht man sich im schönsten Licht,
doch diese Sicht ist auch nicht richtig.

Erkennt man erst das wahre Bild
aus dem neutralen Blick heraus,
so ist ein jeder meist gewillt,
zu machen auch das Beste d'raus.

Von innen kommt der wahre Schein,
so leuchtet er die Herzen aus,
und mag man noch so unschön sein,
so scheint der Glanz auch hier heraus
und wird ein Bild uns malen,
welch' lässt den Spiegel strahlen.

**Des Weiteren ist im Art & Flair Verlag erschienen:**

Karin Kreusch

# Vom Himmel inspiriert

Die andere Welt
ist gar nicht so schweigsam

Art & Flair Verlag

**Telepathie zwichen den Welten -
Der Schlüssel zur Inspiration?**

**ISBN 978-3-00-024029-4          € 8,50**